준 알메이다의 따님인 조이스 알메이다 박사에게 정말 감사하다는 말씀을 전합니다. 조이스 박사는 어머니에 대한 따뜻한 기억을 나누어 주셨고, 사진과 논문 같은 많은 자료를 보여 주셨을 뿐 아니라 우리 질문에 성실하게 답해 주셨고, 우리가 쓴 글과 그림을 검토해 주시는 등 정말 많은 도움을 주셨습니다. 한 사람의 인생 이야기는 자료와 사실 위에 그 사람과 함께했던 사람들이 전해 주는 진짜 모습과 관심사를 더했을 때 훨씬 풍요로워집니다. 우리가 전하는 이야기 속에는 조이스 박사가 전해 준 어머니의 모습이, 호기심과 집중력, 창조력이 풍부하고 투지에 넘쳤으며, 사교적이었고 직감적이었던 열정적인 과학자이자 독서가였던 준 알메이다의 모습이 많이 반영되어 있습니다.

우리에게 친절을 베풀어 준 국립위생연구소 알레르기-감염 질병 임상 연구부의 샐리 훈스버거 박사와 마이클 페이 박사, 면역학 연구소의 분자 생물학자 돈 위버, 펜실베이니아대학교 페렐만 의과대학교의 교수 에리카 L. F. 홀츠바우어 박사, 뛰어난 기술자인 니콜 라돈과 린지 맥니어 등 여러 전문가에게도 고맙다는 인사를 드리고 싶습니다.

코로나바이러스를 처음 발견한

준 알메이다

샐리, 마이크, 짐, 낸시, 그리고 코로나19 바이러스와 열심히
싸우는 모든 분에게 이 책을 드리고 싶습니다.
—수전 슬레이드

더 좋은 세상을 만들려고 고정관념을 깨면서 열정적으로
연구하는 과학계의 모든 분에게 이 책을 드립니다.
—엘리사 파가넬리

June Almeida, Virus Detective!
: The Woman Who Discovered the First Human Coronavirus

코로나바이러스를 처음 발견한

준 알메이다

수전 슬레이드 글 · 엘리사 파가넬리 그림 · 김소정 옮김

두레아이들

준은 그 어떤 날보다도 학교에 가는 날이 제일 좋았어요.
가족이 다 함께 아침을 먹고 나면 준의 아빠는 출근을 했고, 준과 엄마와 아기 해리는 스코틀랜드 글래스고의 거리로 나섰답니다. 세 사람은 알렉산드리아 공원을 지나, 준의 친구들이 사는 공동주택가를 지나갔어요.

아름다운 학교가 보이면 준은 있는 힘껏 학교로 달려갔어요.
조금이라도 빨리 교실에 들어가고 싶었거든요!

준은 호기심이 많고 공부를 좋아했어요. 특히 과학을 좋아했죠.
새로 알게 된 내용은 언제나 부모님에게 이야기했어요.
그럴 때면 늘 어린 해리도 함께 들었어요(누나가 해 주는 이야기보다 더 재미있는 일이 생기기 전까지는요!).

준이 열 살 때, 해리가 아주 아팠어요. 끝내 해리는 세상을 떠나고 말았어요.
남은 세 가족은 너무나 슬퍼서 마음속 깊이 지워지지 않는 상처가 생겼어요.

세월은 빠르게 흘러갔지만, 준은 해리를 잊지 못했어요. 해리와 함께했던 추억을 귀중한 보석처럼 가슴에 소중하게 간직했어요.

준은 커 갈수록 과학에 더 열정을 쏟았어요. 생물학을 공부하면서 준은 사람의 몸을 구성하는 작은 세포를 알게 되고, 많은 세포가 각자의 일을 하는 방식도 배웠어요. 누구보다 열심히 과학을 공부했기에 과학상은 늘 준의 몫이었죠.

준은 사람들과 이야기하는 걸 좋아했어요.
그래서 준의 곁에는 늘 친구들이 많았어요.
학교에서 돌아오면 책에 파묻혀 지냈어요.
준은 특히 과학 소설을 좋아했어요.

창조적이고 관찰력이 뛰어났던 준은 아름답고 놀라운 자연의 모습을 사진 찍는 걸 좋아했어요. 준은 언제나 완벽한 사진을 찍고 싶었어요. 그래서 늘 아주 작은 부분도 놓치지 않았고, 예리한 관찰력 덕분에 놀라울 정도로 멋진 사진을 찍을 수 있었어요.

준은 대학에 가서 과학을 배우고 싶었지만, 대학교 등록금이 너무 비쌌어요. 버스 운전기사인 아버지도, 동네 가게에서 일하는 어머니도 대학교 등록금을 마련할 수 없는 형편이었어요. 모아 놓은 돈도 없었기에 준은 집에 생활비를 보태기 위해 열여섯 살에 학교를 떠나야 했어요.

준은 의미 있는 일을 하고 싶었어요.
너무나도 좋아하는 생물학을 더 배우고 싶었죠.
동생처럼 아픈 사람들을 돕는 일을 하고 싶었어요.

그래서 집에서 멀지 않은 곳에 있던 병원에 지원했어요. 준은 고등학교 성적도 뛰어나고 생물학도 좋아해서, 대학교 연구소에 취직할 수 있었죠. 그곳에서 준은 현미경으로 아픈 사람의 세포를 관찰하는 법을 배웠어요. 이 덕분에 아픈 사람을 치료하는 의사를 도울 수 있었어요.

1952년에 준의 가족은 영국 런던으로 이사했어요. 준은 그 곳에서도 병원 연구소에 취직했어요.

주말이면 준은 런던 거리를 돌아다니며 도시를 구경했어요. 그러던 어느 날, 재미있는 화가 헨리를 만났어요.

두 사람은 사랑에 빠졌고, 곧 결혼했어요.

두 사람은 캐나다에서 새로운 삶을 시작하기로 했어요. 경험이 풍부했던 준은 토론토에서도 이내 새로운 연구소에 취직했죠.

준은 고배율 전자 현미경을 사용해 연구를 시작했어요. 그전까지 썼던 현미경보다 2만 5000배나 크게 확대할 수 있는 현미경이었어요!

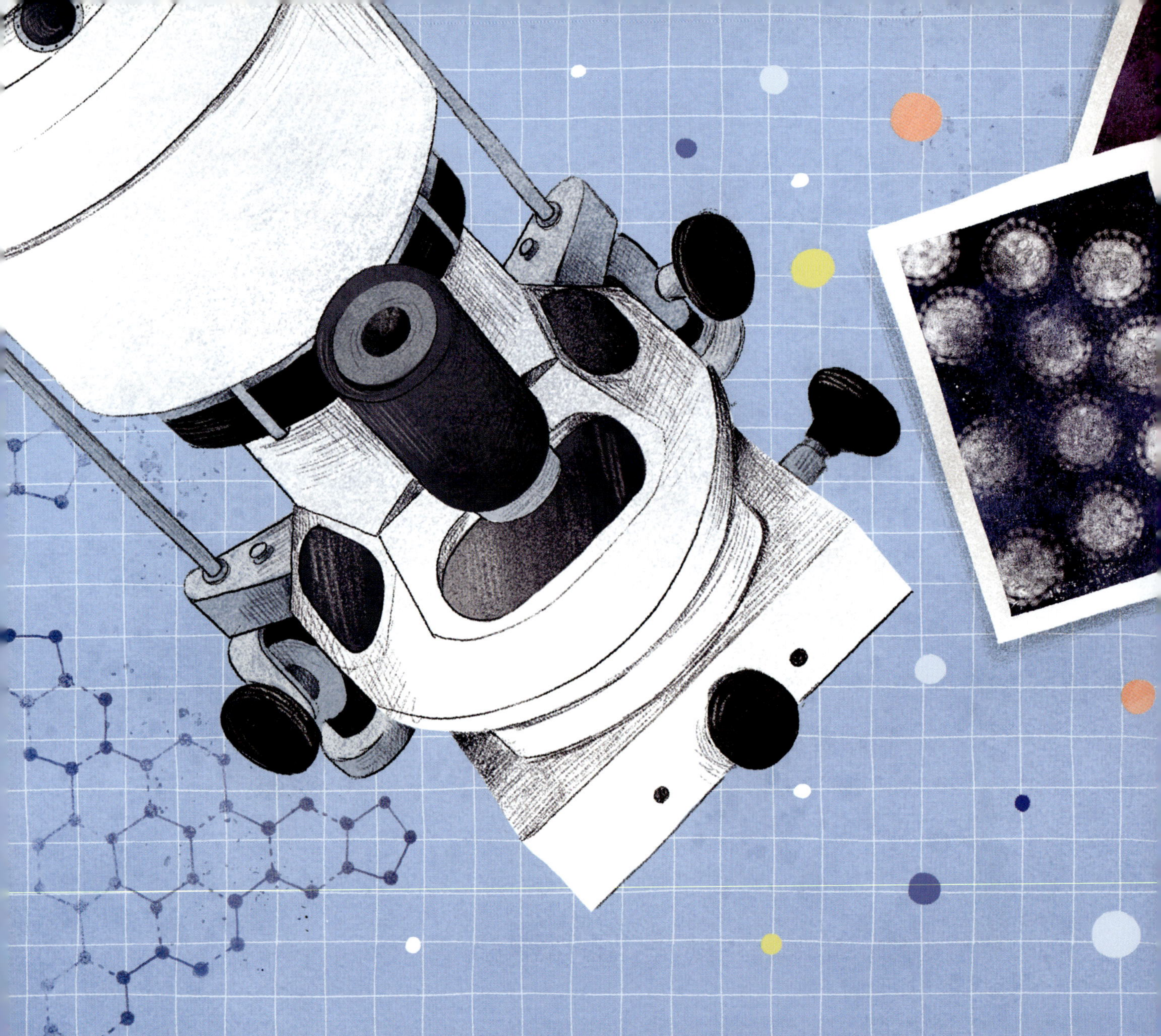

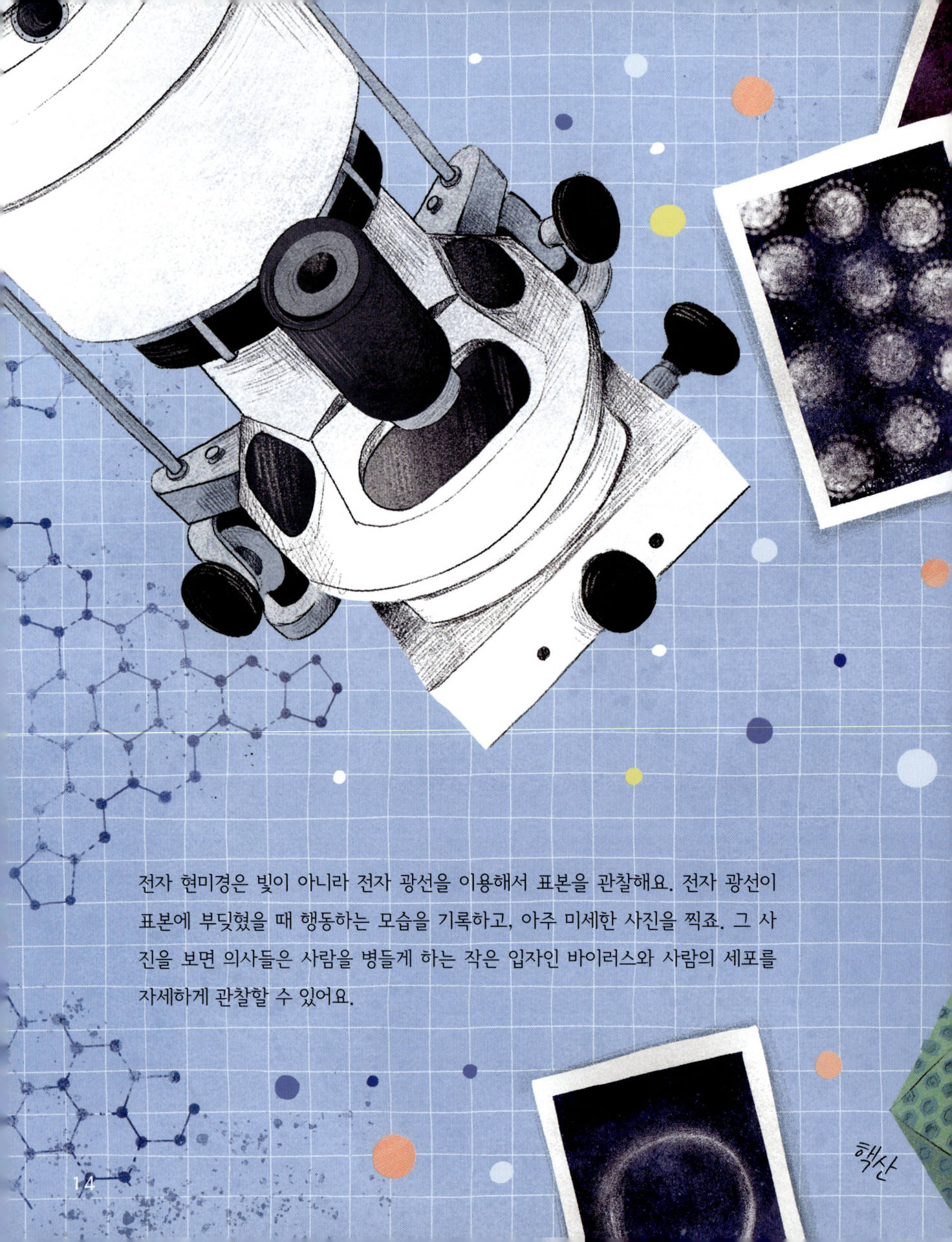

전자 현미경은 빛이 아니라 전자 광선을 이용해서 표본을 관찰해요. 전자 광선이 표본에 부딪혔을 때 행동하는 모습을 기록하고, 아주 미세한 사진을 찍죠. 그 사진을 보면 의사들은 사람을 병들게 하는 작은 입자인 바이러스와 사람의 세포를 자세하게 관찰할 수 있어요.

전자 현미경 사진은 확실히 도움이 되었어요. 그러나 바이러스도 세포도 작고 동그란 입자처럼 보이기 때문에 둘을 구별하기는 힘들었어요.

자신을 사진작가라고 생각했던 준은 더 선명한 사진을 찍어야겠다고 결심했어요. 그러면 과학자들이 바이러스가 활동하는 방식을 더 잘 알 수 있을 테니까요.

준은 이 어려운 문제를 어떻게 풀지 고민했어요.

준은 바이러스 때문에 아픈 사람의 몸에서는 항체가 만들어진다는 사실을 알았어요. 항체들은 작은 병사들처럼 바이러스를 둘러싸고 싸워요. 바이러스가 파괴된 뒤에도 항체들은 사라지지 않고 남아서 앞으로 있을지도 모를 바이러스의 침입에 대비해요.

준은 항체를 이용하면 전자 현미경 사진에서 바이러스와 세포를 구별할 수 있을지도 모른다고 생각했어요.

그래서 준은 항체와 바이러스를 함께 놓고, 전자 현미경으로 전자 광선을 쏘았어요.

그러자 준의 바람처럼, 어두운 여름밤에 나방들이 불빛 아래로 모이듯이 항체들이 바이러스를 둘러싼 모습을 또똑하게 확인할 수 있었어요.

준의 사진을 본 과학자들은 깜짝 놀랐어요!
준이 멋진 솜씨로 자신들이 그렇게 찾고 싶고
연구하고 싶었던 바이러스를 선명하게 찍어 주었으니까요.

1960년에 준과 헨리에게 새로운 식구가 생겼어요.
예쁜 딸이 태어났거든요. 준은 집에서 딸과
함께 있는 시간이 정말 소중했어요.

다시 직장으로 돌아온 뒤 준은 놀랄 만한 연구를 계속하고,
과학 논문도 쓰고, 승진도 했어요. 그의 연구 결과를 궁금해
하는 많은 사람 앞에서 강연도 했어요.

런던의 한 과학자가 준의 활동에 감명을 받고,
준에게 자기 연구소로 와 달라고 부탁했어요.
준은 정말 기뻤어요. 준의 가족은
곧 짐을 꾸려 런던으로 돌아갔어요.

그때 런던에서는 데이비드 티렐이라는 과학자가 도무지 이해할 수 없는 바이러스 때문에 애를 먹던 참이었어요. 어린 남자아이를 지독하게 아프게 한 감기 바이러스였는데, 온 연구원이 아무리 노력해도 바이러스의 정체를 알아낼 수가 없었어요.

그 때문에 모두 궁금해졌어요.

이 바이러스는 신종 바이러스가 아닐까?

데이비드는 그 누구도 이 문제를 풀 수 없다고 생각했어요.
그러나 준이 다른 과학자들도 쩔쩔맸던 바이러스의 정체를 밝힌 탁월한 전문가라는 소식을 듣고 준에게 도와달라고 부탁했어요.
준은 이 부탁을 받아들였고, 데이비드는 준에게 바이러스 표본을 보냈어요.

바이러스 표본을 받은 준은 곧바로 연구를 시작했어요. 그 누구도 바이러스의 정체를 밝혀내지 못했기 때문에 어떤 항체를 써야 하는지도 몰랐어요.

그러나 그때 준은 음성염색법이라는 기술을 알고 있었어요. 물론 몇 년을 노력한 끝에 그 기술을 이미 완전히 익힌 상태였고요!

먼저, 준은 유리 기구와 물을 이용해 표본에서 바이러스를 분리해 냈어요.

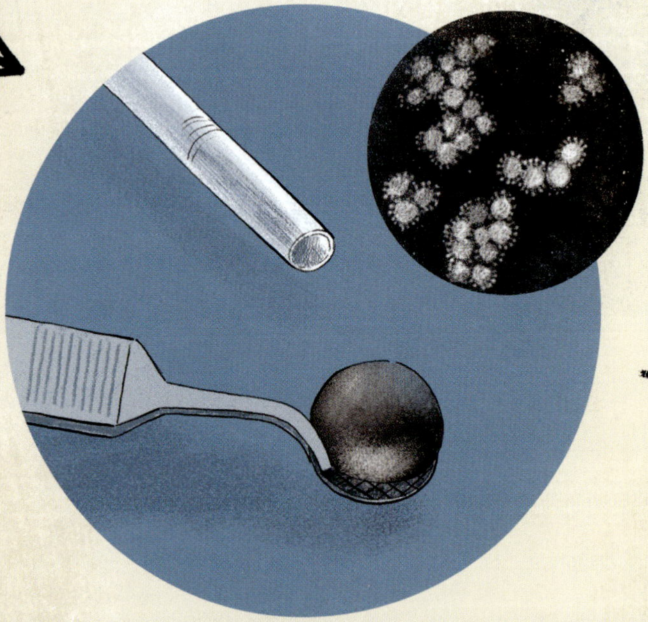

그러고는 바이러스를 담은 액체에, 검은색으로 물들이는 산성 용액을 넣었어요. 그러면 액체가 검은색이 되어 바이러스를 더 잘 볼 수 있었어요. 검은 칠판 위에 흰색 분필로 글씨를 쓰는 것처럼요.

마지막으로, 선명한 전자
현미경 사진을 찍으려고 표
본에 전자 광선을 쏘았어요.

그다음 마른 여과지를 이용해
액체를 빨아들였어요.

드디어 기다리던 순간이 다가왔어요.
예리하게 훈련된 눈으로 준은 사진을
조심스럽게 살펴보았어요.

마침내 정체를 알 수 없던
바이러스를 발견했어요!

준이 사진을 자세히 들여다보는데,
왕관처럼 바이러스를 촘촘하게 두른
작은 돌기들이 눈에 띄었어요.

준은 정말
깜짝 놀랐어요!

몇 해 전에 준은 그와 비슷하게 생긴 바이러스를 두 번 본 적이 있었어요. 둘 다 아픈 동물에게서 발견된 바이러스였어요. 사실 이런 발견을 주제로 과학 논문을 쓰기도 했죠. 그러나 연구자들은 준이 신종 바이러스를 찾아냈다는 사실을 믿을 수가 없었기에 준의 논문을 인정하지 않았어요. 그저 일반적인 독감 바이러스가 흐리게 찍힌 것뿐이라고 생각했어요.

그런데 이제 준이 다른 두 바이러스와 비슷하게 생긴 또 다른 바이러스를 찾아낸 거예요. 신종 바이러스라는 사실이 입증되는 순간이었죠!

놀라운 발견을 한 준은 의사들을 만나 이야기를 나누었어요. 의사들도 모두 바이러스를 둘러싼 돌기가 왕관처럼 보인다고 생각했어요. 라틴어로 왕관은 코로나(corona)예요. 그래서 이 바이러스의 이름을 **코로나바이러스**라고 부르기로 했어요.

준과 데이비드는 사람들에게 코로나바이러스에 관한 모든 것을 알려 주기 위해 준이 찍은 사진을 넣은 논문을 발표했어요.

준은 자신이 하는 일이 정말 즐거웠어요. 남편과 딸과 함께 보내는 시간도 너무 좋았어요. 그러나 헨리는 캐나다를 그리워했고, 다시 돌아가고 싶어 했어요. 준은 일을 그만두고 런던을 떠나는 건 상상도 할 수 없었어요.

슬프지만, 끝내 헨리는 캐나다로 돌아갔고, 두 사람은 이혼했어요.

이제 홀로 딸을 길러야 했기에 준은 그전보다 훨씬 바빠졌어요.

그러나 열정이 더욱 넘친 준은 풍진, B형 간염, 에이즈 같은 질병을 일으키는 바이러스들을 계속 연구했어요.

끈기 있게 신종 바이러스의 사진을 찍었어요. 준이 찍은 사진은 여러 의학책에 실렸고, 바이러스를 공격해 사람을 질병에서 구해 주는 약을 만드는 데에도 도움을 주었어요.

시간이 흘러 준은 연구자 일에서 은퇴했어요.
그러나 여전히 무언가 배우는 것을 좋아했죠.
플루트 부는 법을 익히고, 골동품을 공부하고,
도자기를 고쳤어요. 이 모든 걸 스스로 해냈어요.
디지털카메라 사용법도 배웠죠.
당연히 멋진 사진을 계속 찍었고요!

시

준 알메이다 지음

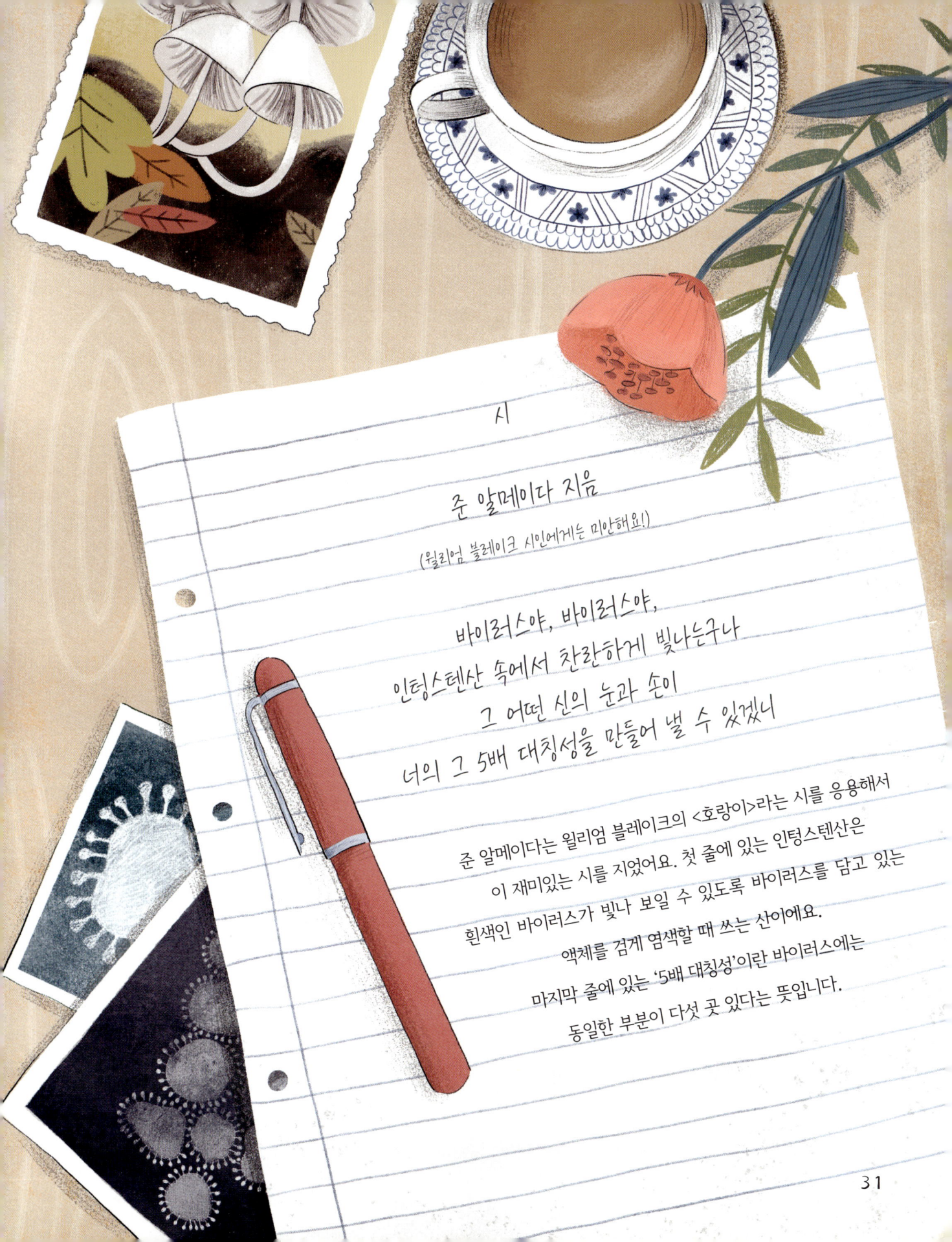

(윌리엄 블레이크 시인에게는 미안해요!)

바이러스야, 바이러스야,
인텅스텐산 속에서 찬란하게 빛나는구나
그 어떤 신의 눈과 손이
너의 그 5배 대칭성을 만들어 낼 수 있겠니

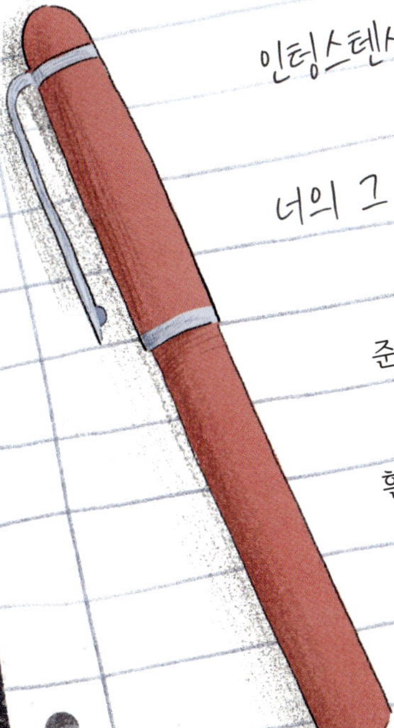

준 알메이다는 윌리엄 블레이크의 <호랑이>라는 시를 응용해서 이 재미있는 시를 지었어요. 첫 줄에 있는 인텅스텐산은 흰색인 바이러스가 빛나 보일 수 있도록 바이러스를 담고 있는 액체를 검게 염색할 때 쓰는 산이에요. 마지막 줄에 있는 '5배 대칭성'이란 바이러스에는 동일한 부분이 다섯 곳 있다는 뜻입니다.

준 알메이다

1950년 무렵 스코틀랜드에서.

준 알메이다(June Almeida, 1930~2007)는 수십 년 동안 바이러스를 연구한 헌신적인 바이러스 학자였습니다. 바이러스는 너무 작아서 우리 눈에 보이지 않습니다. 지구에 사는 바이러스의 종류는 100양(1 뒤에 0을 32개나 써야 할 정도로 큰 수예요!) 개나 된다고 합니다. 다행히 사람에게 해로운 바이러스는 그 수가 많지 않습니다. 준은 전자 현미경으로 바이러스의 세밀한 사진을 찍는 솜씨가 정말 탁월했습니다. 그렇게 훌륭한 사진을 찍을 수 있었던 건 준의 인내심과 끈기, 그리고 아주 세세한 부분에 기울이는 주의력뿐만 아니라 준이 갖고 있는 여러 가지 자질 덕분이었습니다.

준은 불과 서른네 살 때 사람 코로나바이러스(human coronavirus)를 세계 최초로 발견했습니다. 코로나바이러스는 사실 모습이 비슷한 여러 바이러스를 통틀어 가리키는 용어입니다. 그때는 코로나바이러스가 사람에게 심각한 위협이 되리라고 생각한 과학자는 없었습니다. 감기 바이러스와 비슷하게 생겼기 때문입니다. 감기는 귀찮은 질병이기는 하지만, 사람의 몸은 며칠만 있으면 감기 바이러스를 충분히 물리칠 수 있습니다.

1950년 무렵, 글래스고 왕립 병원 연구실에서 일할 때의 모습.

준은 대학에 가지 않았지만 준의 놀라운 연구와 논문에 깊은 감명을 받은 런던 대학교에서 1970년에 석사 학위를 주었습니다. 그 뒤로도 준은 굉장한 업적을 계속 세웠기 때문에, 그다음 해에는 다시 런던 대학교에서 준에게 박사 학위를 주었습니다.

오랫동안 준은 많은 것을 발견했습니다. 그가 발견한 내용을 다른 사람들과 나누기 위해 혼자 또는 공동으로 쓴 논문이 100편이 넘습니다. 1967년에 준과 데이비드 티렐이 함께 발표한 논문 「지금까지 특징이 규명되지 않은 세 종류의 사람 호흡기 바이러스의 기관 배양 상태의 형태학」은 과학자들에게 코로나바이러스에 관해 알려 주었습니다. 준은 그 밖에도 풍진 바이러스의 사진을 최초로 찍고, B형 간염 바이러스가 크게 두 부분으로 이루어져 있다는 사실을 밝히고, 에이즈를 일으키는 HIV 바이러스를 선명하게 찍을 수 있도록 돕는 등 여러 가지 놀라운 일을 해냈습니다.

2003년에는 사스(SARS)라는 질병이 유행했습니다. 사스-코로나바이러스라는 바이러스가 일으키는 병인데, 사스에 걸린 사람들은 폐 감염증으로 고생했습니다. 사스 때문에 사람들은 신종 코로나바이러스가 사람들을 큰 위험에 빠뜨릴 수 있다는 사실을 알게 됐습니다. 사스를 예방하고 치료하는 방법을 찾던 과학자들은 준이 발견한 결과에 도움을 얻으려 했습니다.

현재 과학자들은 코로나19(COVID-19)를 일으키는 사스-코로나바이러스 2라는 신종 바이러스를 연구하고 있습니다. 2019년에 이 병이 처음 나타났을 때, 과학자들은 준이 개발한 기술과 방법으로 이 병을 일으키는 바이러스가 코로나바이러스라는 사실을 밝혔습니다. 준 알메이다의 획기적인 업적 덕분에 과학자들은 코로나19와 싸울 수 있는 중요한 도구와 지식을 갖추고, 이 세상을 좀 더 건강한 곳으로 만들어 줄 수 있는 약과 백신을 만들 수 있게 됐습니다!

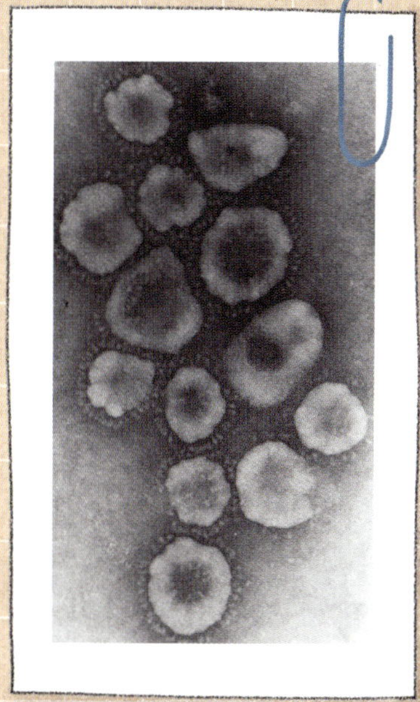

준이 찍은
코로나바이러스 사진.

준과 전자 현미경

준은 1956년에 캐나다 온타리오 암연구소에서 근무하면서 전자 현미경 작동법을 배웠습니다. 준이 사용한 전자 현미경은 투과 전자 현미경입니다. 전자 현미경은 유리 렌즈로 빛을 모아 작은 물질을 보는 광학 현미경과 달리 강력한 전자 광선을 표본에 쏘아 물질을 관찰합니다.

표본을 관찰하려면 먼저 작고 둥근 격자판 위에 표본을 올려놓고, 그 격자판을 전자 현미경에 넣어야 합니다. 전자 현미경은 자기 코일을 이용해 표본에 전자 광선을 쏩니다. 투과 전자 현미경은 표본을 통과한 전자의 양을 기록해 '미소 사진'이라고 부르는 뚜렷한 사진을 찍을 수 있습니다. 준은 표본을 준비하는 능력도, 현미경을 사용하는 능력도 아주 탁월했기 때문에 준이 찍은 사진은 과학책과 교과서에 많이 실렸습니다.

전자 현미경을 조작하는 준.

준 알메이다 주요 연표

1930
10월 5일, 준 하트가
스코틀랜드 글래스고에서
태어남.

1940
동생 해리가 디프테리아로
세상을 떠남.

1942~47
글래스고 화이트힐
고등학교에 입학함.

1947
화이트힐 고등학교에서
과학 우수상을 받음.

1947
열여섯 살에 학교를 떠나
글래스고 왕립 병원의
연구소 기술자로 취직함.

1952
의학 기술 연구소에서
근무할 수 있는 자격을 주는
학위 시험에 합격함.

1952~54
영국 런던 세인트 바르톨로뮤
병원 병리학과 보조 연구원으로
근무함.

1954
헨리 (엔리케) 알메이다와
결혼함.

1956~64
캐나다 온타리오 암연구소에서
보조 연구원으로 근무하면서
전자 현미경을 다루는 법과
음성염색법을 익힘.

1960
딸 조이스가 태어남.

1964~67
런던 세인트 토머스 의과대학교
병원에서 과학 조수로 일함.

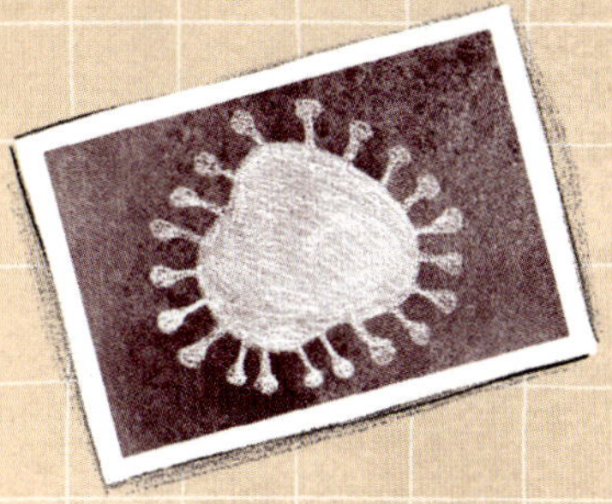

1964
세계 최초로
사람 코로나바이러스를
발견하고 사진을 찍음.

1967
준과 데이비드 티렐이 쓴
사람 코로나바이러스에 관한
논문이 ≪일반 바이러스학≫에
실림.

1967
풍진 바이러스의 사진을
세계 최초로 찍음.

1968
헨리와의 결혼 생활이 끝남.

1967~72
런던 왕립 의과대학교 대학원
바이러스학과 부교수이자
연구교수로 근무함.

1970
런던 대학교에서
석사 학위를 받음.

1971
런던 대학교에서
박사 학위를 받음.

1971
B형 간염 바이러스는 크게
두 부분으로 이루어져
있다는 사실을 밝혀냄.

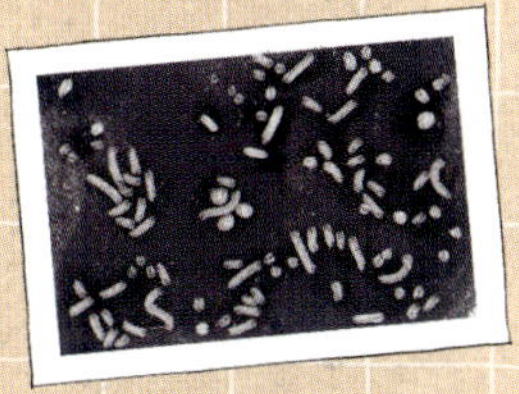

1972
런던의 웰컴 연구소에 들어가
바이러스 사진 촬영법 특허를
내고 B형 간염 바이러스의
비밀을 풀기 위해 노력함.

1982
바이러스 학자
필립 사무엘 가드너와 결혼함.

1984
현장 연구에서 은퇴함.

1980년대 말
세인트 토머스 의과대학교
병원의 자문으로 있으며,
에이즈를 일으키는 HIV
바이러스의 사진을 찍는
일을 도움.

2007
일흔일곱 살의 나이로
세상을 떠남.

글쓴이 수전 슬레이드 Suzanne Slade
100편이 넘는 책을 썼고, 수상 경력이 있는 작가입니다. 공학으로 학위를 받은 수전은 『캐서린이라는 이름의 컴퓨터: 미국의 달 착륙을 도운 캐서린 존슨의 이야기』, 『학교를 떠나 자연으로: 애나 콤스톡 이야기』 같은 놀라운 업적을 이룬 여성 과학자들의 이야기를 소개해 왔습니다. 수전의 『우주 비행사 애니』를 읽은 앤 맥클레인은 국제우주정거장 도서관에 넣으려고 그 책을 가져갔습니다. 지금 일리노이주 리버티빌에 살고 있습니다. 홈페이지 suzanneslade.com

그린이 엘리사 파가넬리 Elisa Paganelli
이탈리아 모데나에서 태어났습니다. 어렸을 때부터 책은 엘리사에게 가장 좋은 친구였습니다. 광고 분야에서 일했고, 사업도 했던 엘리사는 현재 일러스트레이터로 활동하고 있습니다. 사랑하는 반려동물들과 함께 시간을 보낼 때가 많습니다. 그가 삽화를 그린 『고지대 매 도둑』은 이달의 워터스톤 북에 선정되었고, 『닭 다리 집』, 『달의 첫 번째 친구들』 같은 책도 상을 받았습니다. 그는 늘 지속가능한 프로젝트에 동참하려 하고, 자연에 있을 때 편안함을 느낍니다. 침대 옆 탁자에는 심리학책이 잔뜩 쌓여 있는데, 책 위에는 고양이가 올라가 있을 때가 많습니다. 지금 런던에 살고 있습니다. 홈페이지 elisapaganelli.com

옮긴이 김소정
생물학을 전공했고 과학과 역사를 좋아합니다. 꾸준히 동네 분들과 독서 모임을 하고 있고, 번역계 후배들과 함께 번역을 공부하고 있습니다. 오랫동안 번역을 했으면 하는 바람이 있습니다. 『커져버린 사소한 거짓말』, 『내가 너에게 절대로 말하지 않는 것들』, 『비욘드 앵거』, 『악어 앨버트와의 이상한 여행』, 『완벽한 호모 사피엔스가 되는 법』, 『만물과학』, 『프리티 씽』, 『마음의 상처로 죽을 수도 있을까?』, 『곤충들이 사라진 세상』 등을 번역했습니다.

코로나바이러스를 처음 발견한 준 알메이다

1판 1쇄 발행 2022년 8월 16일
1판 2쇄 발행 2023년 1월 10일

글쓴이 수전 슬레이드 | 그린이 엘리사 파가넬리 | 옮긴이 김소정
펴낸이 조추자 | 펴낸곳 두레아이들
등록 2002년 4월 26일 제10-2365호
주소 (04075)서울시 마포구 독막로 100 세방글로벌시티 603호
전화 02)702-2119(영업), 703-8781(편집), 02)715-9420(팩스)
이메일 · 블로그 dourei@chol.com / blog.naver.com/dourei

• 책값은 뒤표지에 적혀 있습니다. 잘못 만들어진 책은 구입하신 곳에서 바꾸어 드립니다.

ISBN 979-11-91007-21-3 77990